LES PARTICVLARITEZ

DE TOVT CE QVI S'EST FAIT ET PASSÉ A LA DISPVTE ET CONVERSION à la Foy Catholique, Apostolique & Romaine de Monsieur le Marquis de Meillars, Mareschal des Camps & armées du Roy, de sa Femme & de ses Enfans, faisans le nombre de neuf. En son chasteau de Meillars en presence des plus fameux Ministres de l'Europe mandez exprés.

Auec vn fidel recit du Miracle arriué en icelle Conuersion par le foudre & les esclairs du Ciel.

A PARIS,

(*Iouxte la copie imprimée à Tule, par Iean Daluy*)

Chez ALEXANDRE LESSELIN, ruë de la Barillerie deuant le Palais.

M. DC. LI.

AVEC APPROBATION.

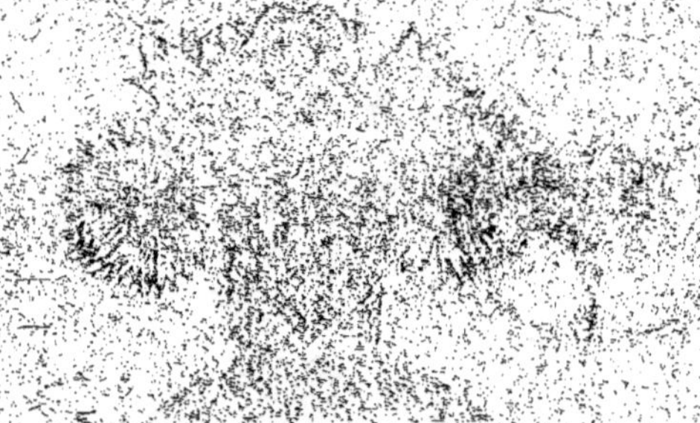

LETTRE DE MONSIEVR IAVEL SENECHAL DE TVRENNE,

ESCRITE

Au R. Pere Léau Iesuite, pour le supplier de luy faire part de ce qui s'est passé à la dispute & Conuersion de Monsieur le Marquis de Meillars, Mareschal des Camps & armées du Roy, & de toute sa famille qui professoient la Religion Pretenduë Reformée: Ledit R. P. Léau luy fait vne response, qui contient toutes les particularitez, tant de la Conferance tenuë auec les plus fameux Ministres de l'Europe, mandez exprés pour cette Conuersion, que toutes autres choses.

MON R. PERE,

Ie ne sçay si mon nom sera dans vostre souuenir, ce que je veux esperer de vostre bonté, je le luy remettray doncques s'il vous plaiſt, par les aſſeurances que ie vous donne par ces lignes de mes obeyſſances, & par la part que ie prends dans vos intereſts : Nos Miniſtres Huron & Boutin ſont reuenus de voſtre Conferance la joye ſur le viſage, & à mon aduis le couſteau dans le ſein, ils ont tellement chanté *io triomphé* que leur brebis n'ont plus de lauriers en ce pays, tant elles en ont employé pour les couronner : je m'en fuſſe eſtonné auec grand raiſon, voyant & entendant que cette pretenduë victoire eſtoit acquiſe ſur deux Peres d'vne Compagnie que j'honnore tres-parfaictement, & ſur le Pere Leau mon ancien amy & condiſciple : Mais comme je connois leur impudance, & que je ſçay qu'ils font profeſſion de mentir, ayant d'ailleurs appris que Madame de Meillars pour laquelle vous auez combattu, vous eſt demeurée, & que glorieuſement vous l'auez tirée de la gueule du loup, & deliuré cette Andromede des griffes de ce monſtre deuorateur, comme vn genereux Perſée, je me ſuis fort conſolé, & i'ay aſſeuré le peu de nos bons Catholique, que leur imaginaire victoire eſt de celles qui font pleurer tels vainqueurs, & n'ay point fait difficulté de me rire de leur bonne mine, puis qu'ils ont perdu la place qu'ils eſtoient allez ſecourir. Ils aſſeurent que vous auez ſouſcrit cauſe gaignée en leur faueur, & parce qu'il importe pour la gloire de Dieu que la verité ſoit connuë en ce lieu infecté de l'Hereſie, je vous demande cette grace de me fai-

re

re part de cette verité, & que si la Conferance est par escrit, il vous plaise m'en enuoyer vne copie, pour l'opposer à celle dont ils font parade. Ie sçay que vous tirez la pierre aussi bien que Dauid, & que ces petits Golliats ne sont pas pour vous resister dans vne si juste querelle. L'obligation que je vous auray sera generale, & vous l'augmenterez pour mon particulier si vous daignez continuer l'honneur de vostre amitié, & de vostre souuenir à celuy, qui est fort veritablement,

Vostre tres-humble & fidele seruiteur,
IAVEL Senechal de Turenne.

A Turenne ce 28. Aoust 1651.

Response du R. Pere Pierre Léau au sieur Senechal de Turenne.

MONSIEVR,

Si ie ne connoissois Messieurs les Ministres depuis plus de vingt-ans que Dieu m'a fait la grace de combattre l'erreur, ie m'estonnerois de leur façon d'agir. Le plus menteur parmy eux est le plus honneste homme, & le plus battu ayant le poignard dans le sein crie tousiours victoire. Mais ce sont des victoires qui ont des chardons pour lauriers, des orties pour palmes, pour couronnes des confusions. Ce n'est pas la premiere fois que j'ay admiré la bonté de vostre esprit, & vous auez bien raison de croire que leur imaginaire victoire est de celles qui font pleurer tels vainqueurs, & de ce que vous n'auez fait difficulté de vous rire de leur bonne mine, puis qu'ils ont perdu la place, qu'ils estoient venus secourir. Vous auriez auec celle-cy vne copie de la Conferance, mais il faut plus de temps pour la faire dresser. Ie vous l'ennoyeray au plustost, où vous verrez comme les sieurs Huron, & Boutin Ministres ruzant à leur ordinaire, faisoient de longs & inutiles discours sur chaque matiere de plus d'vne main de papier pour obscurcir les veritez, & esbranler nos constances, qui furent fermes à leur donner le temps pour la satisfaction de Monsieur de Meillars, qui le vouloit ainsi, & les attendant à la fin de chaque discours ils estoient poussez auec tant de vigueur, qu'ils estoient contraints, ou de conclurre par des impertinences connuë de tous, ou de demeurer si troublez qu'ils estoient sans parole. Ie ne pretends en cette lettre que vous narrer briefuement: ce qui s'est passé soit en la conuersion de toute la famille, soit en la conferance, & en l'entretien de Messieurs les Ministres.

Dieu a tousiours eu grand soin de preuenir de mille graces Monsieur & Madame de Meillars, vous connoissez leur naissance & leurs eminentes qualitez, qui les rendent des plus recommandables de toute la

Prouince, ſa prudence, ſa vaillance, ſa fidelité au ſeruice de ſa Majeſté prés de trente ans, qu'il a ſeruy dans l'Italie, dans l'Alemagne, dans la France luy ont acquis la qualité de Mareſchal de Camp dans ſes armées du Roy, & l'ont fait paſſer dans la Cour & par tout pour vn des plus vaillans, des plus ſages, & des plus accomplis Seigneurs de France. Le malheur de ſa naiſſance l'auoit fait Huguenot par la foibleſſe de feu Monſieur ſon pere, qui a pû dire à Dieu; *La femme que tu m'as donné me l'a fait faire.* Que ſi vne femme auoit deſaſtreuſement infecté de l'Hereſie de Caluin cette honnorable famille, vne autre femme l'en a glorieuſement chaſſée, mais vne femme que Dieu a aymé dés ſa naiſſance, & l'a conduite par des voyes ſecrettes dans vne vie d'honneur, de vertus morales qui luy faiſoient voir parmy les tenebres de ſon erreur mille luiſſantes veritez dans la Religion Catholique, & la grace qui augmentoit le iour à ſes lumieres, luy cauſoit mille apprehenſions de mourir dans l'erreur. Son eſprit touſiours battu de ces penſées, & ſon cœur attaché par l'amour & le reſpect qu'elle portoit à Monſieur de Meillars ſon mary eſtoient incapable de joye.

Elle conçeut il y a plus de huict ans vne haute idée du pouuoir de la Mere de Dieu, & fit vn vœu de donner deux Lampes d'argent, à l'Egliſe Noſtre-Dame de Roch-Amadour, ſi elle luy eſtoit fauorable, & à Monſieur de Meillars: elle a touſiours du depuis ſenty ſon eſprit plus capable des lumieres du Ciel, & ſon cœur plus fort pour souſtenir les trauerſes du monde. Enfin elle recherchoit les moyens de ce pouuoir declarer Catholique, & qu'elle les demandoit à Dieu auec des larmes, des vœux & des prieres extraordinaires Mr ſon fils luy eſcriuit de Paris que le bruit eſtoit grand qu'elle eſtoit Catholique. Mr ſon mary trouua cette lettre, la preſſe de dire ſon deſſein, elle reſpond qu'elle eſt reſolue ou de mourir, ou de ſe faire inſtruire; ſes deux filles ſe declarent auec elle, iugez du tranſport d'vn des plus grands Huguenots du monde. Il ſe reſout d'abord à la ſeparation, ſe retire dans vn autre Chaſteau eſloigné d'onze lieuës, s'abandonne à tout ce que ſa paſſion luy pouuoit ſuggerer, il pleure ſon malheur, il deplore par des ruiſſeaux de larmes l'eſtat de ſa maiſon, la conſcience de ſa femme, la perte de ſes filles, les regarde comme des objets d'horreur & de damnation eternelle. Madame s'en vient à Limoges, où j'eus l'honneur de la viſiter, & de l'inſtruire l'eſpace de quinze jours, l'affermiſſant dans ſa reſolution, qui ne pût jamais eſtre eſbranlée ny par les meſſagers, qui alloit continuellement, & venoient pour luy porter des lettres de Monſieur de Maillars, tantoſt pleines d'attraits & des larmes d'amour, tantoſt pleines d'aigreur & de mille reproches; ny par les Gentilshommes qu'il depputoit pour fleſchir ſa conſtance. Il entretenoit vne ſentinelle perduë pour ſçauoir qui luy parloit, où elle alloit, qu'eſt-ce qu'elle faiſoit, enfin il la conjura par vn Gentil'homme qu'il enuoya exprés d'agréer dans

Meillars auant sa Conuersion, vne Conferance de deux Ministres auec deux Docteurs de l'Eglise, ce qu'elle luy accorda. Il semond par beaucoup de lettres reïterées, & de messagers exprés les Barthes freres & Ministres, tous deux demeurans à Rochoüard, ils s'en excuserent & confesserent leur foiblesse. Il en faisoit chercher partout, cependant Madame arriue à Meillars, où il se seruit de tout ce que son zele à sa Religion, son esprit & son amour luy pouuoit suggerer. Il employe pour la peruertir toute sorte d'industrie, jusques à des Gentilshommes Catholiques, qui en ont fait pœnitence, cette saincte & vaillante Amazone soustenoit ses attraits, ses reproches, ses douceurs, ses fureurs auec tant d'adresse & de resolution pour cette Conferance, afin de le gagner, qu'il ne sçauoit si elle estoit encore Catholique, ou si elle ne l'estoit pas, on luy emmena les sieurs Huron & Boutin, comme deux des plus habiles Ministres de l'Europe, le sieur Huron est Ministre de Geneve seruant l'Eglise Berriere en Perigord, le sieur Boutin est Ministre de Turenne dans la Vicomté. Ie fus appellé par Madame pour les combattre & supplié le Pere Brezets d'estre mon compagnon. A mon arriuée je reconnus Mr de Meillars en fureur contre moy d'auoir instruit Madame & pour ne l'aigrir pas Madame me supplia que le R. Pere Brezets commença la dispute, il m'a dit depuis, *Ie vous regarde comme vn Ange de Dieu, mais pour lors je vous regardois comme vn Demon d'Enfer.* Nous voila en presence, le premier poinct de la dispute fust de leur demander comment ils sçauoient que l'Escriture estoit escriture; ce fut vn coup de massue qui les estourdit, & apres quelque argument ils disent que leur conscience leur disoit que c'estoit l'escriture qu'il ne falloit pas disputer auec ceux qui nioient les principes, qui nous nierions que Dieu fut Dieu, ils crient, ô blasphème! l'Eternel n'abisme pas cette maison, ils se leuent de leurs places, s'en vont dans la sale, les Huguenots les suiuent Madame s'en va apres, leur represente que si nous ne sçauons infalliblement que l'escriture est escriture, nous ne serons jamais infailliblement asseurez dans la foy, ils luy repliquent qu'ils ne passeront jamais outre, si nous ne changeons de question, nous accordons cette grace à Madame. Demandez leur si cette premiere responce merite des lauriers, ils font bien de crier *iô triomphé* dans vn pays esloigné, ou personne ne sçait leur confusion: mais passons outre, ils reprennent leurs places.

Le pere Brezets prie le sieur Ministre Boutin de faire voir dans l'Ecriture la verité de son Eglise, le Ministre dit qu'elle est fondée sur le fondement des Apostres & dans l'E'scriture, le pere luy demande où il trouueroit dans l'Escriture son article de foy 20. *Nous croyons que nous sommes faits participans de cette Iustice par la seule foy*, le Ministre apporta le passege de S. Paul aux Rom. c. 3. v. 27. Nous concluons donc que l'homme est justiffie par foy sans œuures de la loy, le Pere luy expliqua ces œuures, des œuures ceremoniales & naturelles des Iuifs. Il raisonna sur ce passage pour prouuer son article; mais pressé par le Pere il nous supplia de remettre au lendemain qu'il se trouuoit mal, qu'il n'en pouuoit plus. Le lendemain il parut auec deux grandes feuilles de papier, qu'il auoit composé toute la nuict pour prouuer que la seule foy justifie, & voulut absolument par faueur de Monsieur de Meillars que ses longs discours fussent escrits: mais enfin pressé par la force des argumens, il dit qu'vn homme pouuoit estre juste & pecheur tout ensemble, juste & non juste, non juste dans sa conscience, juste dans le decret de Dieu; d'autant que Dieu ne luy imputoit pas son peché; & que la seule foy suffisoit pour estre bien-heureux, & mil autres resueries qui le rendoient digne de compassion, jusqu'à Monsieur de Meillars qui apporta des passages de l'Escriture, contraires à l'article & aux raisons de Boutin. Toute la compagnie sçait que les ministres se voyans mal menez firent des violences extrémes pour obliger Monsieur de Meillars à rompre la dispute jusqu'à calomnier. Madame qu'elle auoit fait le signe de la Croix. Enfin elle se renoüa où le sieur Huron parut, qui entreprit de prouuer que la presence reelle, & corporelle du corps du Fils de Dieu n'estoit pas au sainct Sacrement de l'Autel. Son premier argument fust tel. Toute doctrine laquelle destruit l'institution sacramentale de IESVS-CHRIST, & trauerse son vnion personnelle auec nous, & se combat elle mesme est fausse, erronée &

impie: Or la doctrine de la transsubstâtiation est telle: doncques, &c. Le Pere luy nia la mineure, il tascha de la prouuer par parties, prit la premiere que la transsubstantiation destruit l'institution de IESVS-CHRIST, & fit des discours aussi ennuyeux dans leurs longueurs, que foibles dans leur preuue. Il aduança que la transsubstantiation changeoit le Sacrement en sacrifice expiatoire, que nulle action ne pouuoit estre Sacrement & sacrifice, jugez de la suite par vn raisonnement si faux, & persuadez-vous la confusion de cét esprit, sautant d'vne preuue à vn autre, & changeant à tous pas de moyen, faisant toûjours escrire pour nous ennuyer par ses longueurs. Enfin estant obligé par le commandement que luy en fit Monsieur de Meillars de laisser ses discours embroüillez, & d'agir par argumens, je le dis en la presence de Dieu & toute la compagnie en est tesmoin, si jamais homme s'est trouué plus en peine apres deux ou trois argumens; il passa tout vne seance à commencer son argument, & puis à se dedire, puis à le commencer sans jamais rien conclurre, l'vn rioit sous son chapeau, l'autre grinçoit les dents, le sieur Boutin l'aydoit vn peu, & tous deux ne faisoient rien qui vaille. Enfin apres auoir demeuré enuiron trois heures pour monstrer par des argumens aussi ridicules dans leur formes, qu'impertinens en leur matiere voulant prouuer que les dimentions sont essentielles au corps, conclut cette delicieuse seance par ce triomphant argument. Le sujet de ce debat estant le

corps

corps de I. C. il en faut croire l'Euangile : Or par icelluy sa matiere & sa forme sont posées sur le fondement de sa verité : doncques il en faut croire sa verité. Venez, Messieurs de la pretendue ? Accoutez ceux de la Vicomté ! assemblez-vous ceux de Perigord, portez des lauriers au sieur Huron, il merite des couronnes, c'est le Roy des ministres, mais des ministres troublez & confondus. Monsieur de Meillars rompit la seance ne pouuant plus suporter la confusion de son pauure ministre, & n'a jamais voulu permettre qu'il parlat d'auantage. Le sieur Boutin parut le lendemain, & apres de longues & importunes escritures pour prouuer que l'Eglise ne pouuoit retrancher la coupe, à cause du commandement que Dieu auoit fait de prendre le Sacrement sous le symbole, & du pain & du vin : n'ayant iamais pû prouuer ce commandement ; fust contraint de confesser par sa police Ecclesiastique qu'il suffisoit à vn fidelle, qui auoit repugnance du vin de prendre le Sacrement sous le symbole du pain, & par vœu, ou par desir le symbole du vin, d'où estant pressé que la coupe n'estoit pas de l'essence du Sacrement, veu que selon sa doctrine on pouuoit prendre le Sacrement sans effectiuement prendre la coupe, ny qu'il n'y auoit point de commandement, il s'attacha à l'argument du Pere disant qu'il n'estoit pas en forme, mais le Pere voyant qu'il ne disoit cela que pour fuir, laissa indecis si son argument estoit en forme ou non, & poussa sa raison, alors le ministre Boutin se voyant pris se leue de sa place, dit que le Pere luy donnoit à gagner, qu'il estoit le vainqueur, qu'il ne vouloit rien dire dauantage, & autres semblables rodomontades, plus dignes d'vn bateleur que d'vn ministre. Et c'est sans doute ce qu'ils veulent dire, quand ils disent que nous auons souscrit, cause gagnée en leur faueur. La compagnie trouua estrange cette boutade, & le supplia de se remettre & de respondre au Pere, il fut si fort pressé qu'il dit hautement qu'vn homme pouuoit receuoir l'effet du Sacrement par vn seul acte interieur sans prendre le symbole du Sacrement qui est le pain & le vin. Le sieur Huron venoit de dire qu'il falloit necessairement prendre les symboles du pain, & du vin par la bouche du corps pour prendre l'effet du Sacrement, accordez ces ministres, pour lors demandant au sieur Boutin d'où il prenoit cette doctrine, il me repliqua que c'estoit son opinion, voila, dis-je, vne belle escriture.

Monsieur de Meillars considerant l'impertinence de sa responce, & la confusion de ses ministres, sortit de l'assemblée & rompit la Conferance sans vouloir plus la renoüer, desesperé de pouuoir retenir Madame dans sa Religion, laquelle durant la Conferance esclairoit les difficultez par les lumieres de son esprit, & nous secondoit auec vn rauissemét vniuersel de toute l'assemblée. En fin on signa toutes les séáces de part & d'autre, & nous nous retirasmes, laissant Madame exposée à la persecution des Ministres, qu'elle conuainquoit à tout rencontre en la presence de Monsieur de Meillars & de la compagnie. Vn iour leur prouvant par l'escriture que la confession, eſtoit de droit diuin, ils dirent qu'il eſtoit vray, & que les fideles ſe confeſſoient entendant le preſche excepté les dormans. Vn autre fois le ſieur Huron ſouſtenoit que Ieſus-Chriſt auoit eu vne puiſſance limitée en tant qu'homme, Monſieur de Meillars ſouſtenoit le contraire, le ſieur Boutin print le party de Monſieur de Meillars, & Madame triompha de leurs contrarietez, & de leur ignorances. Elle leur demanda vn iour ſi vn heretique pouvoit donner la miſſion, ils repliquent que non, quelque temps apres ſi le Pere eſtoit heretique, ils repliquent que c'eſtoit l'heretique des heretiques, Antechriſt, la beſte de l'Apocalypſe, à vn autre rencontre d'où ils auoient leur miſſion, ils reſpondirent que Caluin eſtoit Preſtre, qu'il auoit priſe ſa miſſion ordinaire de l'Egliſe Romaine, du Pape; vous l'auez donc, dit elle, de l'Antechriſt, ſe voyans pris ils dirent qu'ils l'auoient priſe des Albigeois, qui auoient gardé la vraye creance cachée dans les montagnes des Ceuenes depuis les Apoſtres, & apprenant que leurs freres diſciples de Caluin eſtoit ſur pied, & eſtoient dans le Dauphiné, Languedoc, Bourdelois, & autres lieux de la France, ils coururent au ſecours & deputerent des miniſtres, leſquels eſtoient legitimement enuoyez, elle les pourſuit & leur demande s'ils eſtoient miniſtres enuoyez par Caluin, où bien des Albigeois, ils ſe retirent ſans mot dire. Elles les ſuit les ſupplie de reſpondre, de confeſſer que s'ils ne pouuoient monſtrer qu'ils fuſſent Miniſtres des Albigeois, il falloit qu'ils confeſſaſſent qu'ils n'eſtoient pas Miniſtres legitimement, enuoyez, ce fust vne risée belle, demandoit au sieur Boutin s'il estoit ministre de Caluin, au sieur Huron s'il estoit ministre Albigeois, ils demeurerent confus d'autant qu'ils auoient oublié leurs patantes. Dans vn autre rencontre leur reprochant qu'ils auoient reçeu dans l'vnion de leur foy les Lutheriens qui croient la realité, ils respondirent qu'ils les auoiēt reçeus, jusqu'à vn Synode general, où il seroit conclû ce qu'ils deuoiēt croire? quoy, dit Madame, estes vous encore irresolus au point substantiel de la foy: Helas que vous estes flottans, & que vostre Religion est damnable. Ie vous pourrois rapporter mille sembla- bles auantages qu'elle tiroit de leurs responces, & de leurs confusions, & ceux qui connoissent la force de son esprit n'auront nulle peine à le croire. Mais si son esprit est admirable, sa constance le fut bien encore plus, elle a souuent protesté à Monsieur de Meillars en la presence des Ministres & beaucoup de Gentils hommes qu'elle estoit tres contente d'estre la plus pauure du monde, & d'estre reduite à ne viure que du pain de bled noir, le mandiant de porte en porte, moyennant qu'elle eût la liberté de viure Catholique. Elle a mille fois defié Monsieur de Meillars dans le plus fort de ses reproche d'exercer ses rigueurs, elle mettant toute sa confiance en Dieu & en sa grace, n'où le sieur Huron conclut en vray ministre, & dit à trois Gentils-hommes d'honneur qui me l'ont rapporté, qu'il falloit que les Iesuites l'eussent ensorcelée? O que ce ministre merite des lauriers: jugez si c'est ou du tronc, ou des branches. Les deux

Da-

Damoiselles ses filles imitoient sa constance, & disoient hautement, que quand Madame leur mere viendroit à manquer, elles seroient inesbranlables, ces reparts, cette constance, ce mespris de toute la nature, cét abandonnement entre les bras de Dieu estoient autant de poignards dans le cœur de Monsieur de Meillars, lequel apres mille prieres faites à Dieu, apres des jeusnes de vingt-deux iours ne mangeant ordinairement que de vingt-quatre en vingt-quatre heures, apres tout ce que sa Religion luy pouuoit suggerer pour augmenter son zele, & se renforcer dans l'erreur, s'oubliant de tant de qualitez de Madame sa femme, de tant de respects & de seruices, qu'elle luy auoit rendus, luy donna mille fois son congé en la presence des ministres, sans que jamais ils luy ayent dit vn seul mot du mauuais traictement, & les rigueurs qu'il luy faisoit souffrir, toute la compagnie asseure qu'ils applaudissoient à ses saillies, & augmentoient ses ardeurs, elle pria les Parroisses circonuoisines d'aller en procession le iour de sainct Laurens à vne Eglise dediée à Nostre-Dame nommée du Chastenet à deux lieuës de Meillars pour implorer son ayde, le mesme iour les ministres redoublerent leurs attaques, elle combattoit auec vne tranquilité d'esprit, les rembarrant jusqu'à la confusion en la presence de plusieurs Gentils-hommes Monsieur Perriere premier President de Limoges, arriua le mesme jour sur les vnze heures du matin, il trouua Monsieur de Meillars dans des resolutions estranges de chasser Madame auec ses filles, de ne les voir jamais, de les rendre les plus miserables du monde, & connut que les ministres jettoient de l'huyle dans son feu, & l'animoient à la separation, il luy persuada de congedier ses messieurs les ministres, il le fit, mais auec resolution que Madame suiuroit sans replique & se retireroit. Cette vertueuse Dame demeuroit ferme sans s'esmouuoir, se conformoit à la saincte volonté de Dieu auec vne constance de martyre, resoluë d'endurer tous les bannissemens & les tourmens les plus cruels, plustost que de fleschit en rien de la volonté qu'elle auoit de viure Catholique.

Le soir apres auoir soupé Monsieur le President les assembla dans le cabinet des peintures, & appella Monsieur de Baugerau pour l'ayder à adoucir l'esprit de monsieur de Meillars, ce furent des nouueaux reproches, des menaces, des saillies de fureur, qu'elle estoit abandonnée de Dieu de quitter la vraye Religion, qu'il la rendroit la plus miserable du monde, qu'elle partit dés le lendemain auant son leuer, & mil autres paroles qui eussent espouuenté tout autre cœur que celuy de cette braue Dame, sur peine qu'il la mettroit dehors les pieds les premiers, cette genereuse Neophite fondant en larmes luy respondoit qu'il luy estoit tres facheux de le quitter, mais que Dieu luy seruiroit de mary & de tout ce qu'elle esperoit en la misericorde de Dieu aux larmes, qu'elle verseroit pour sa conuersion, & sa prosperite en l'innocence de ses filles, aux prieres des gens de bien, en fin chacun se retira le poignard dans le sein. Madame ayant fait son pacquet pour partir le lendemain à la pointe du jour, renonçant volontiers pour estre toute à Dieu, à la compagnie d'vn si accomply mary, qui l'auoit tousiours aymée & honnorée à l'amitié de ses enfans des plus aymables du monde, au gouuernement d'vne si puissante maison à tous les charmes & attraits des richesses; des honneurs, des plaisirs de la vie à tous les auantages de la nature. Auant le coucher elle anima ses deux filles à s'adresser au Ciel à implorer le secours de la Vierge, elle se met à genoux dans la ruele de son lict, ses deux filles entrét dans le cabinet des peintures tout voisin de sa chambre, toutes trois prosternées aux pieds de la misericorde fleschissent le Ciel, lequel dans la plus brillante nuict forma vne des plus effroyables tépestes, qu'on aye ouy en ce pays, les esclairs s'entrecoupoient si soudainement qu'ils faisoient vn grand iour dans les chambres, les coups de tonnerre s'entresuiuoient, qui esbranloient tout le Chasteau.

Monsieur de Meillars se mit à genoux sur son lict, coniure Dieu de le renforcer dans sa Religion, qu'il est prest d'endurer la roüe, verse mille larmes, mille souspirs vers le Ciel pour obtenir cette constances. Le Ciel redouble ses fureurs, & apres six ou sept coups effroyables, le foudre tomba sur la tour qui répondoit à la chambre, où il estoit couché, brise quelques cheurons en mille pieces, escartele les autres, se coule le long de la muraille, la perce à costé du cheuet de son lict, brusle sa courtine, arrache le talon de bois d'vne de ses mules, le noircit comme du jaiet, le porte proche de la fenestre, passe dans les chambres respecestant celle de Madame, fond dans le cabinet des peintures, arrache quelques corniches de tableaux, noircit vne des armoiries de Monsieur, passe entre les deux filles, qui estoient à genoux & fort proches sans leur faire du mal, descloue toutes les vitres sans ouurir les volets, les amoncele les vnes sur les autres, & les met dans le fossé sans les rompre. On dira que c'est vn foudre naturel & qu'il n'y a rien d'extraordinaire? Arrestez-vous petits libertins! qui glosez les actions de Dieu? adorez Sa Majesté, c'est l'autheur de toutes ses merueilles. A mesme que le foudre faisoit son coup, Dieu faisoit son œuure dans l'esprit de Monsieur de Meillars, lequel m'a protesté qu'il estoit si attaché à Dieu, luy demandant les lumieres pour connoistre la verité, qu'il n'entendit nullement le bruit que fit le foudre dans sa chambre, & ne le connut que par la fumée & par la puanteur & redoublant ses prieres entrecoupées de larmes, il sentit l'onction de Dieu qui changea soudainement son cœur, & illumina son entendement d'vne lumiere plus brillante que celle des esclairs, eschauffa sa volonté d'vn feu plus embrasé, que celuy du foudre & des tonnerres; je pourrois dire que cette vocation à quelque chose de semblable auec celle de S. Paul, mais i'ay resolu de ne vous faire qu'vn simple narré de ce qui c'est passé, son pauure esprit qui auoit esté si long temps à la gehenne, iouyt sur l'heure d'vne si douce paix, & d'vn si sensible effect de la venuë de Dieu, qu'il forma vne resolution inflexible de s'eclaircir sur les points de la foy, & passa le reste de la nuict en prieres,

en

en larmes parmy des douceurs de Dieu, qui charmoit toutes les puissances de son ame.

Madame entendant le bruit court à ses filles, loüe Dieu de les trouuer sans mal, monte dans la chambre de Monsieur de Meillars, le trouue à genoux sur son lict, l'aduertit de penser serieusement à son eternité, que c'est vn coup de la misericorde, il la prie doucement de se retirer sans luy donner nul autre connoissance. Le lendemain de grand matin il alla dans sa chambre, luy fit mil excuses de son procedé, la conjura mille fois d'oublier le passé, la remit maistresse comme elle estoit deuant, fit venir Messieurs ses Enfans, qu'elle n'auoit peu voir depuis leur retour de Paris, r'allia toute sa famille auec des larmes, des tendresses, des conuersions de Dieu, qui rauissoient toute la compagnie. Entrant dans le cabinet des peintures auec Madame, & voyant ses armoiries noircies, Helas! Madame, dit-il, l'heresie est entrée dãs nostre maison par vne fẽme, il faut qu'vne femme l'en chasse. Dieu a fait vn miracle non tant par le foudre, qui est tombé dans nostre maison, que par le changement de mon interieur, & par les lumieres qu'il m'a donné en cét instant pour fleschir ma volonté obstinée! Helas que Dieu m'a donné de consolation. Ie ne vous descriray pas les satisfactions de son esprit, les rauissemens de Madame, de mrs. ses Enfans, des Damoiselles ses filles, les benedictions, les actions de graces à Dieu, les vœux, les reconnoissances, les extases, & les transports de ioye de toute la prouince. Il n'eust point de repos qu'il ne m'eust appellé, il me reçeu & ie puis dire sans mentir, qu'il me considere comme Ange de Dieu, & s'il m'estoit permis de dire ses vertus moralles durant qu'il estoit Huguenot, je confondrois la pluspart des Catholiques du temps, & rauirois toute la France, il a voulu que nous ayons demeuré 11. iours faisant des conferances le matin, & l'apresdinée, & bien souuent le soir de 2. ou 3. heures pour s'instruire auec toute sa famille, force Gentils-hommes y assistoient qui luy rendoiét visite; il n'y a aucun poinct de foy, qu'il n'aye debattu auec vne suffisance surpassante sa condition, mais non pas son esprit, enfin plein de Dieu & conuaincu de toutes ses erreurs, il depputa vn Gentil-homme vers Monseigneur de Limoge nostre Euesque, qui luy fit l'honneur de venir à Meillars, & le reçeut le lendemain iour de Dimanche, en habit Pontifical à la porte de l'Eglise, Monsieur de Meillars alloit le 1. suiuy de 4. de ses Enfans, & Madame de 3. filles qui faisoient le reste de sa famille, ce grand Prelat officia auec tant de Majesté que la deuotion de nos nouueaux Catholiques en estoit augmentée, & leur donna l'absolution de leur heresie auec vne tendresse digne de sa vertu, apres l'admiration que Monsieur de Meillars prononça le 1. d'vne voix ferme auec des sentimens, qui arrachoient les larmes de ceux qui estoient accourus de toutes parts, je ne vous diray rien des transports de Madame, de la deuotion de mrs. ses Enfans, des larmes de ses filles, de toute la pompeuse celebrité, qui se fit à ce iour, je m'imaginois les premiers Chrestiens dans la faueur de leurs extases, quel cœur ne se fut amolly voyant ce Seigneur fondre en larmes cette vertueuse Dame extasiée d'amour, ses Enfans, ses filles rauies aux pieds de Dieu. Cette deuotion a duré 8. iours, nous y auons mis les Indulgences des missions de nostre compagnie, & auons institué vne Oraison de 4. heures par la permission de Monseigneur l'Euesque, laquelle commença le iour de la Natiuité N. Dame Monsieur Madame, tout la famille renouuellerent leurs ardeurs & communierent de nouueau, auec des tendresses, & des deuotions incroyables, secondez de toutes les Paroisses voisines, qui ont accouru à cette conuersion, & à nos Indulgences, Monsieur m'a souuent dit depuis sa conuersion, qu'il endureroit mille morts pour la foy, & mil autres entretiens dignes d'vn homme plein de Dieu, que je ne veux pas dire de peur d'offencer sa vertu, & la passion qu'il a de viure sainctement, Madame publie hautement auec vn cœur tout embrasé de Dieu, qu'elle doit aux prieres de la Vierge, son bon-heur, la conuersion de Monsieur son mary, la deuotion de ses Enfans, la paix de sa maison! O que la Vierge est bonne à qui la sçait prier! Remercions-la tous emsemble des graces qu'elle a obtenu de Dieu par les prieres pour cet honnorable famille, & prenos garde que le moindre de ses nouueaux Catholiques ne nous deuance deuant Dieu, non, il n'est pas croyable, combien Dieu a remply cet illustre Seigneur, des sentimens de son eternité, sa bonne vie pleine d'honneur, & de vertus moralles durant qu'il estoit Huguenot, son grand cœur & cette fermeté à l'honneur,

& au bien qui luy est naturelle, toutes ses grandes perfections luy seruent d'vn grand fonds à sa grace, qui abonde dans son ame, il est tousiours apres moy pour luy enseigner à bien prier Dieu, & de gaigner le Ciel, pour longs que soient les Sermons & les instructions, ou les Cathechismes, ils sont tousiours cours à son dire. Enfin c'est vne conuersion admirable, & nous deuons croyre que comme la maison de Meillars a esté assez long-temps, le boulevart de l'heresie en ce pays par son authorité, elle sera doresenauant le Temple de la deuotion par son exemple, la demeure des graces, d'eschelle de la vertu, le petit Ciel de Dieu, i'espere qu'il seront tous des Ss. Dieu leur en fasse la grace par sa misericorde, & me donne les occasions de les seruir, & de vous témoingner combien je suis.

Vostre tres-humble & tres obeyssant seruiteur en nostre Seigneur,
Pierre Leau de la Comp. de Iesus.

De Meillars ce 14. Sept. 1651.

NOVS Gentils-hommes & tesmoins de ce qui c'est passé, soit en la conference des R. PP. Iesuittes le P. Leau & le P. Brez et auec les sieurs Ministres Huron & Boutin soit au narré que le R. P. Léau fait dans sa lettre de la constance de Madame de Meillars, & des Damoiselles ses filles, l'vne agée de seize ans, l'autre de treize, soit aux questions qu'elle faisoit à Mrs les Ministres, & aux responces deduites dans la lettre, soit de la parfaicte conuersion de Mr. de Meillars, & de toute la fammille, asseurons & sommes prests de soustenir au despens de nos vies, que cette lettre contient verité en tous ses points. Ainsi signé, BAVGERAV, SAINCTE-MARIE, DELACHAVT, PAYSAT, SAINCT-PRIEZ, POMMIES, DVBREVIL.

www.ingramcontent.com/pod-product-compliance
Lightning Source LLC
LaVergne TN
LVHW010254230826
846091LV00007B/2959

* 9 7 8 2 0 1 3 0 5 6 0 9 0 *